Counting Farm

のうじょうで　かぞえよう
Noujoude　Kazoeyou

by Siu Ting Tsang and Andrew Sun

To baby Avery:
Congratulations on finding your belly button.
- Mommy and Daddy

ファーマーさんは　まいにち　のうじょうで
Faamaasanwa　　　mainichi　　noujoude
おせわを　しています。
osewawo　　shiteimasu.

Every day Mr. Farmer tends to his farm.

のうじょうには　いっとうの
Noujouniwa　　ittouno

おおきなうしが　います。
ookinaushiga　　imasu.

ほかにも　いるかな？
Hokanimo　irukana?

きのしたには　にひきの
Kinoshitaniwa　　nihikino

いぬが　います。
inuga　　imasu.

ほかにも　いるかな？
Hokanimo　　irukana?

Under the tree there are two dogs.
Any more?

うまごやには　さんとうの
Umagoyaniwa　santouno

うまが　います。
umaga　imasu.

ほかにも　いるかな？
Hokanimo　irukana?

In the stable there are three horses. Any more?

いえのまえには　よんひきの
Ienomaeniwa　　yonhikino

やぎが　います。
yagiga　　imasu.

さくのうえには　ごわの
Sakunoueniwa　　　　gowano

にわとりが　います
niwatoriga　　imasu.

ほかにも　いるかな？
Hokanimo　　irukana?

On the fence there are five chickens. Any more?

かわのなかには　ろっぴきの
Kawanonakaniwa　roppikino

さかなが　います。
sakanaga　imasu.

ほかにも　いるかな？
Hokanimo　irukana?

ぬかるみには　ななひきの
Nukaruminiwa　nanahikino

ぶたが　います。
butaga　imasu.

ほかにも　いるかな？
Hokanimo　irukana?

In the mud there are seven pigs.
Any more?

おかの　うえには　はっぴきの
Okano　　ueniwa　　happikino

ひつじが　います。
hitsujiga　imasu.

ほかにも　いるかな？
Hokanimo　irukana?

Over the hills there are eight sheep. Any more?

いけには　きゅうわの　あひるが　います。
Ikeniwa　kyuuwano　ahiruga　imasu.
ほかにも　いるかな？
Hokanimo　irukana?

On the pond there are nine ducks.
Any more?

えんがわの　したには　じっぴきの
Engawano　shitaniwa　jippikino
ねずみが　います。
nezumiga　imasu.

Under the porch there are ten mice.

ファーマーさんの　ところには
Faamaasanno　　　　　tokoroniwa

なんびきの　どうぶつが　いるのかな？
nanbikino　　doubutsuga　　irunokana?

How many animals does Mr. Farmer have?

Mr. Farmer has ...

ごわのにわとり

さんとうのうま

きゅうわのあひる

ななひきのぶた

... そしてに いっとうの
　　soshite　　　Ittouno

おおきなうしが　います!
ookinaushiga　　imasu!

... and one big cow!

www.ingramcontent.com/pod-product-compliance
Lightning Source LLC
Chambersburg PA
CBHW041813040426
42450CB00001B/26